映画みたいなことしない？

映画で描かれる「愛のやりとり」「悩みと向き合う姿」「不思議な出会い」「仲間と過ごす時間」といったシーンに、あこがれたり、共感したりしたことはありませんか。

この本は、思わず真似したくなるような映画のワンシーンを、４人のイラストレーターが紹介する、ちょっと変わった映画案内です。

日常のささいなできごとや風景から、それまで忘れていた作品のある場面が鮮明に思い浮かんでくる。こんな経験ができるのも、スクリーンやモニターに映る世界がそれだけ心に残りやすいからなのかもしれません。

日々の生活で「映画みたいなこと」を意識してみると、きっといつもとは違った景色や気分を楽しめるはずです。

主人公の気持ちを想像してみる。恋人や友だちを誘って好きなシーンを再現してみる。そんなふうに、人生で映画を感じてみてはいかがでしょうか。

知らない人と

はじめましての目印を、｜（ハル） 064
ひと夜限りの出会いを楽しむ｜ミッドナイト・イン・パリ 066
落とし物からはじまって｜セリーヌとジュリーは舟でゆく 068
温泉場、夏休み｜簪 070
大切なことを見失わないよう想像してみる｜西の魔女が死んだ 072
音楽に足を止めて｜エイミー 074
納屋を建てる｜刑事ジョン・ブック 目撃者 076
近づいたり離れたり 都市生活の孤独｜愛情萬歳 078
風船に煙草｜見知らぬ乗客 080
表向きは浮気された女たちの復讐劇 でも、実際は？｜黒い十人の女 082
現実逃避して忘れられるなら｜アンダー・ザ・シルバーレイク 084
過去から届く、あなたのためのメッセージ｜めぐりあう時間たち 086

友だちと

たまにはお互い好き放題の１日｜ひなぎく 092
友達と過ごす夢のショッピングモール｜ホット・チック 094
逃亡するわたしたち｜メルシー・ラ・ヴィ 096
真剣だからこその爽快感｜ローラーガールズ・ダイアリー 098
良い子は真似してはいけません エゴイストの繰り広げる乱痴気騒ぎ｜焼け石に水 100
どんな自分も受け入れてくれる場所｜曲がれ！スプーン 102
最後に帽子｜女王陛下の007 104
友達になれる？｜ブレックファスト・クラブ 106
大人になる前のひととき 友達でいてくれた人たちのこと｜台風クラブ 108
雪とバーベキュー｜さらば冬のかもめ 110
さらけ出してみる、すべては愛になり得るから｜渚のシンドバッド 112
行き止まりの海｜青春群像 114

COLUMN

ソウルで出会った愛すべき酔っぱらいたち｜月永理絵 060
誰かがそれを見守っている｜九龍ジョー 088

あとがき／プロフィール 116
監督名索引 124

CONTENTS

恋人と

恋人とケンカしたとき、冷静になるには……？ | 女は女である 010
ふたりの手で空想を探り合う、つくり合う | 恋愛睡眠のすすめ 012
どんな時どんな場所でも2人だからこそ | ミステリー・トレイン 014
ヘッドライト・ダンス | 地獄の逃避行 016
2人だけの特別な景色と想い出 | エターナル・サンシャイン 018
リー・マーヴィンを語る | ドアをノックするのは誰？ 020
時間を止めて、見つめてみて | フローズン・タイム 022
「会いたいよ」と言いながら抱き合うようになってしまった
| 生きてるうちが花なのよ死んだらそれまでよ党宣言 024
思い出に跡を残すシャツ越しのくちづけ | ポーラX 026
「どこへいく？ 地の果てまで」 二人の恋、二人の選択……。
| ブエノスアイレス 028
回り灯籠 | 彼女と彼 030
いつか、ふたりの映画になる | ラストコンサート 032

ひとりで

出涸らしのコーヒー | 動く標的 036
寂しさを実感するためのルーティン | ロスト・イン・トランスレーション 038
ひとりになって、はじめてわかること | 謎めいた肌 040
広い世界にひとり、心地よい絶望に堕ちるとき
| Love Letter／サマーフィーリング 042
剥製に煙草 | ブラッドシンプル 044
自分勝手な自由を最後まで貫いたら | 永遠に僕のもの 046
小津のタバスコ | 小早川家の秋 048
詩人になって見る世界は | パターソン／イル・ポスティーノ 050
想いを言葉にできるのは大切なこと「書く」ことの希望
| 17歳のカルテ 052
日記を書く。わたしのために、わたしたちのために
| ヴァージン・スーサイズ 054
イーニドこそ、マイ・ヒーロー あこがれのスケッチブック
| ゴーストワールド 056
過ぎていく時間を描き留める | マルメロの陽光 058

恋人と

恋人とケンカしたとき、冷静になるには……？

恋人とケンカして、口を聞きたくないとき、本の表紙に書かれた言葉で罵り合うのはいかが？『女は女である』に登場するあまりにも洒落た痴話喧嘩のワンシーンを参考に。

恋人とのすれ違いは起きるものですが「もう、口も聞きたくない！」と言われたとき、それならば本の表紙で会話をしようと思いつくなんて、お茶目で、映画的な発想ですよね。

主人公たちが暮らすアパートのインテリアや、めくるめくアンナ・カリーナのファッションもため息が出るほど素敵です。が、それにしても、この映画には、「人と人は会話をしているようでしていないのかもな」と思わされます。すれ違いや誤解が起きるのは普通のことなのかもしれません。

言葉は意外と頼りないもの、そう考えると、他の人が書いた言葉に頼るのは良い方法なのかもしれません。さあ、あなたも頭に血が上ったときには、本棚から気分に合ったタイトルの本を探してみましょう。

『女は女である』

監督：ジャン＝リュック・ゴダール

脚本：ジャン＝リュック・ゴダール
撮影：ラウル・クタール
出演：アンナ・カリーナ、ジャン＝クロード・ブリアリ
1961年／84分／フランス

SERIE NOIRE
Au poteau
ANTOINE DOMINIQUE
TOUTES
FEMMES

ふたりの手で空想を探り合う、つくり合う

空想の世界を生きることができるか? と聞かれたら、わたしは「できる」と答えると思う。あの部屋で空想の世界をつくり上げたステファンとステファニーのように。セロファンの海、紙の船、ビニールの空、綿の雲、いのちを持たない馬のぬいぐるみには、いのちを吹き込んであげる。ありふれた材料も、ふたりの手にかかれば特別ななにかに姿を変える。

目に見えている世界は本当に、ひとつだけ?

あなたが目を閉じている間、そこにはなにがある? 川がある? 空がある? 木々はどんな色をしている? そこでわたしたちはなにを歌っている?

目に見えるものだけがきっと真実じゃない。目を閉じれば浮かぶ世界も大切にしている幻も、わたしが、あなたが、信じているならばどれも本当の世界。触れることができないのであればふたりの手でつくり上げればいい。その世界はいつか、現実を生き抜くための世界になる。あなたにはどんな世界が見えているの?

憧れはふたりで世界をつくる、ステファンとステファニー。

『恋愛睡眠のすすめ』

監督:ミシェル・ゴンドリー

脚本:ミシェル・ゴンドリー
撮影:ジャン=ルイ・ボンポワン
出演:ガエル・ガルシア・ベルナル、
シャルロット・ゲンズブール
2006年/105分/フランス=イタリア

どんな時どんな場所でも 2人だからこそ

3話のオムニバス。1話目「ファー・フロム・ヨコハマ」では、ロカビリーファッションで決めたジュンとミツコが、はるばるヨコハマからアメリカへ。憧れのエルビス・プレスリーの故郷メンフィスを列車で訪れる。

エルビス邸に行くつもりがスタジオに着いたり、ネイティブの英語に戸惑ったり、旅は思うようにいかない。それでも、赤いスーツケースを2人で持ちながら淡々と街を歩く姿は、どこか楽しそうに見える。ホテルの部屋でも、憧れの地に来た割に無表情なジュンに、わざと口紅が付くようにキスをしたり、器用に足でタバコの火をつけてあげたりするミツコのはしゃぎようは、とてもかわいらしい。

「ヨコハマが遠くてメンフィスにいるってのも最高だ」

わたしも旅先で似たような気分になったことがある。すこし寂しく、すごく自由な気持ちだった。

深夜に眺めるように観たい作品。

『ミステリー・トレイン』
監督：ジム・ジャームッシュ

脚本：ジム・ジャームッシュ
撮影：ロビー・ミュラー
出演：永瀬正敏、工藤夕貴
1989年／110分／アメリカ

ヘッドライト・ダンス

1950年代に実在した無法者カップルによる連続殺人事件を基にした、いわゆる〝ボニーとクライド〟ものの一本。物々しい邦題は、主演のマーティン・シーンが認知されていた『地獄の黙示録』に由来。原題(Badlands)を直訳すれば、荒れ地・不毛地帯の意味だが、主人公の故郷に実在する地名でもある。

逃避行の終盤、夜の荒野で車を停め、カーラジオの音楽に合わせて踊り出す二人。聴こえるのはナット・キング・コール、見えるのはヘッドライトが照らす足許だけ。

真っ暗闇の中で音楽に身を委ねるのは、なんだか気持ち良さそうで、ダンスと無縁の（自分のような）輩でも、アウトロー気取りの主人公たちのように、闇に乗じてゆらゆら踊れそうだ。

全篇を通して行き当たりばったり、手前勝手極まりない道行きだけれど、彼らを取り囲む風景のリアリティ、そのどこまでも荒涼とした環境には少し同情させられる。それらを遮る夜の闇が、いっそう優しげに思えた。

『地獄の逃避行』
監督：テレンス・マリック

脚本：テレンス・マリック
撮影：タク・フジモト、ステヴァン・ラーナー
出演：マーティン・シーン、シシー・スペイセク
1973年／94分／アメリカ

2人だけの特別な景色と想い出

ケンカ別れした恋人に謝ろうとしたジョエルは、彼女が衝動的に2人の想い出を記憶除去手術で消してしまったことにショックを受け、自身も記憶を消すことに。施術中、2人で過ごした日々を回想するうち彼女への想いを改めて自覚して、必死に抵抗をするけれど、記憶は波に侵食されるように削られていく。

たくさんの想い出が消えていく中、2人の特別な場所、雪が降るモントークの海辺にベッドがポツンと現れるシーンは、一瞬なのに、幻想的で強く心に残った。対話はもちろん大事だけれど、同じものを見ているということも、心の繋がりを深めてくれる要因なのではないかと思う。2人が凍った川の上で寝転がり眺めた星のように、特別な景色であればなおさら。一度ダメになった関係をやり直したところで、結末は同じことの繰り返しになるかもしれない。それでも、一緒に見てきた景色を想い出して、ほんの少しお互い赦しあうことができたなら。わずかであっても運命は変わってくる。そんな、やわらかな陽射しのような希望がある物語だ。

『エターナル・サンシャイン』

監督：ミシェル・ゴンドリー

脚本：チャーリー・カウフマン
撮影：エレン・クラス
出演：ジム・キャリー、ケイト・ウィンスレット
2004年／108分／アメリカ

リー・マーヴィンを語る

ニューヨークのリトル・イタリーで暮らす青年たちの日常と葛藤。アメリカン・ニューシネマ前夜、いかにも〝初期衝動〟な、シーンごとの明らかな画質の差など、粗さや拙さも含めて瑞々しいスコセッシ監督処女作。

すでに編集がセルマ・スクーンメイカーであることに（男っぽいイメージに反して、ほとんどの作品を女性が編集している点でも）驚かされる。

読んでいる映画雑誌を盗み見ている内に二人の会話が始まり……という出会いのシーンからして、映画青年らしさに満ち満ちている。そして主人公が彼女の前で語る、語る。映画について、ジョン・フォードについて、『リバティ・バランスを射った男』のリー・マーヴィンについて、熱く滔々と語り続ける姿は若き日のスコセッシ自身そのもの。というよりも、いつの時代のどのジャンルにも存在する、単なるオタクそのもの。

付き合わされる方は迷惑に違いないが、好きなものを語りたい気持ちはよくわかる。ほどほどに気を付けなくては。と省みつつも、すでに仕出かしてしまっている気もして、なんとも身に沁みる。

『ドアをノックするのは誰？』
監督：マーティン・スコセッシ

脚本：マーティン・スコセッシ
撮影：マイケル・ウォドリー
出演：ハーヴェイ・カイテル、ジーナ・ビートゥン
1967年／90分／アメリカ

時間を止めて、見つめてみて

時間を止めた深夜のスーパーマーケットで、美しいと思うものをひたすら眺めたベンのことを、わたしはたまに思い出す。何もかもが静止した世界でただただ女性を見つめ、ペンを持ち、描き続けたベンのこと。

この映画を観たときわたしは20歳だった。服飾大学の課題をやりながら深夜は毎日映画を観ていた。不眠症で時間を止められるようになったベンと、寝不足の自分が重なって見えたのかもしれない。なぜかわたしは作業する度にこの映画を選んだ（作業していたせいで肝心の内容は記憶に残っていなかったりもする）。

世界は常に動き続けていて、時間は常に進み続けていて、そのなかで時間を止めてしまうほど心惹かれる感情に出会うことってあるのだろうか？　ベンの瞳に映る「美しさ」の象徴を眺めてわたしは思っていた。

それは恋であるのか？

それは自分の感情を見つめ続けることなのか？

どちらにしても美しい。時間を止めてしまうほど、見つめていたくなる人に出会うことは。

『フローズン・タイム』

監督：ショーン・エリス

脚本：ショーン・エリス
撮影：アンガス・ハドソン
出演：ショーン・ビガースタッフ、エミリア・フォックス
2006年／102分／イギリス

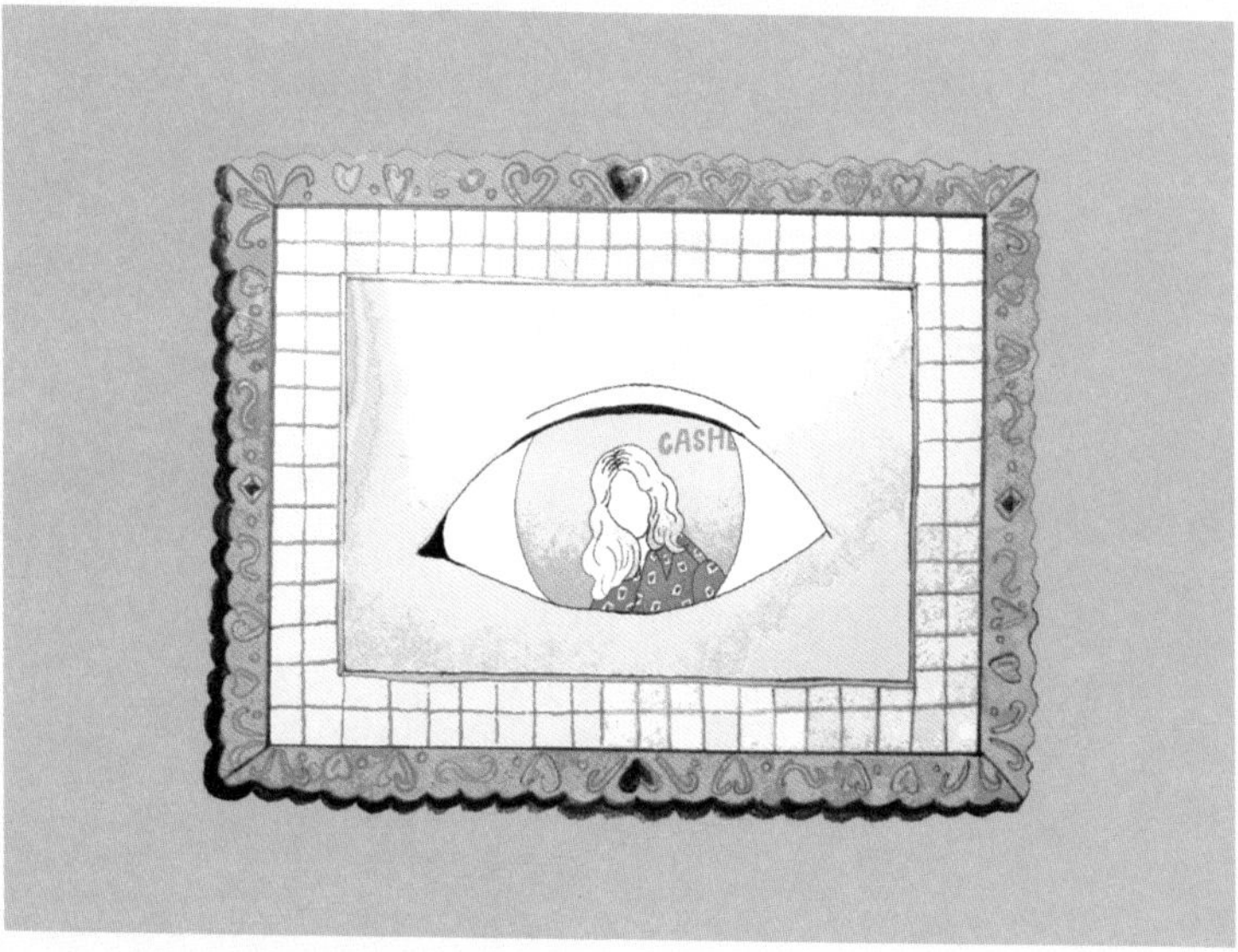
CASHE

「会いたいよ」と言いながら
抱き合うようになってしまった

世の中の大きなうねりに翻弄されて、生き方を選べない人もいる。この映画は、「そうせざるを得なかった」人たちの物語だと思います。世間に翻弄されて、追い詰められたり、引き裂かれたり、それ以外の生き方を選べなかった人たちの。

旅回りのヌードダンサー・バーバラとその恋人の宮里は、バーバラの仕事先に宮里がついて行き、近くの原発で働きながら、その中間地点で会うという交際を続けています。そんな生活の中で、バーバラは抱き合っていても「会いたいよ」と言うようになってしまった。彼らがその仕事を選ばざるを得なかったのは、コザ暴動で沖縄を追われ、住所を持てなかったから。そして、宮里はヤクザと関係を持つようになり、原発の内部機密をめぐる殺し合いにも巻き込まれていきます。

バーバラの毅然とした様子や、悲しみを吹き飛ばすような笑顔には終始胸を打たれますが、「会いたいよ」というつぶやきはラストシーンでも重く響きます。今も昔も、権力は個人の自由を押し潰してしまうものなのです。

『生きてるうちが花なのよ
死んだらそれまでよ党宣言』
監督：森崎東

脚本：近藤昭二、森崎東、大原清秀
撮影：浜田毅
出演：倍賞美津子、原田芳雄
1985年／105分／日本

思い出に跡を残す
シャツ越しのくちづけ

お城のような屋敷に広がる青い芝生、回るスプリンクラーの水音と明るい日差し。新進気鋭の小説家の青年には、優しくきれいな婚約者がいて、彼らの暮らしは今はまだ、よく磨かれたガラスの窓から眺める青空のような健やかさに溢れている。早朝、裸で恋人のベッドに潜り込む。湯気で曇ったバスルームの鏡を拭い、首筋のキスマークを気にする。そして、悲しい色だからと着替えようとした彼女との、脱ぎかけのシャツ越しのくちづけ。このセンシュアルでとても美しいシーンは、恋人と別れて何年か経ったあと完璧に補正された思い出のように見えた。

恋人同士なら、覚えていられないくらい何度もキスをするものだろうけど、いつもと違う唇の感触なら、ひときわ深く記憶に残る気がする。映画のようにキスしてみるなんて実際、生々しくて恥ずかしく感じてしまうかもしれない。でもそんな感情すら、いつかは色っぽく美しい記憶に変化して思い返されるのだと思う。それが幸せな結末を迎えられなかった相手だったとしても。

『ポーラX』

監督：レオス・カラックス

脚本：レオス・カラックス、ジャン＝ポル・ファルゴー、ローラン・セドフスキー

撮影：エリック・ゴーティエ

出演：ギヨーム・ドパルデュー、カテリーナ・ゴルベワ、デルフィーヌ・シュイヨー

1999年／135分／フランス＝スイス＝日本＝ドイツ

「どこへいく？ 地の果てまで」
二人の恋、二人の選択……。

人生も恋愛も、ときには思わぬ方向に転がっていくものです。ふと気がつくと、予想もしていなかった場所にいるもの。どこへ向かうのか、どこへたどり着くのか、それは自分次第。流されるのか、流れに逆らうのか、それも自分で決めること。

この映画に登場する二人の男は、イグアスの滝を目指したがたどり着けず、旅費が尽きて旅先に住み着いてしまいます。本物のかわりにと、イグアスの滝の形をしたランプを買って飾り、二人で暮らしはじめますが、彼らの恋も思わぬ方向に流れて行き……。

恋人との思い出の品が気づいたときにはなくなっていたことはありますか？ 自分が捨てたのか、相手が捨てたのかも、いずれ思い出せなくなるでしょう。どんなに情熱的に求めあって過ごしても、別々の道を選んだ後は、夢から醒めたときのようにぼんやりとした記憶だけが残るのです。

どんな恋をしても、どんな生き方を選んでも、どこへたどり着くかは自分で決めることなのだと、この映画を観るたび思います。

『ブエノスアイレス』
監督：ウォン・カーウァイ

脚本：ウォン・カーウァイ
撮影：クリストファー・ドイル
出演：レスリー・チャン、トニー・レオン
1997年／96分／香港

回り灯籠

映画には〝団地映画〟というジャンルがある。同じ規格の建物がいくつも居並ぶ、絵ヅラのモチーフとしての面白さだけでなく、そこでは異なる生活スタイルの衝突や断絶が主題となることも少なくない。

時代ごとに担う役割やイメージが変わってゆく団地も、1963年公開の本作においては新時代のフォーマットであった。その中で暮らす主人公夫婦が、淘汰されてゆく貧民部落の中に彼らの旧友を見つけたことから、物語は始まる。堅実な夫と夢見がちな妻、彼らを取り巻く現実と理想は、時代を経てより厳しさを増しているように感じる。それまで視界から除けてきた相手との関わり方、その相容れなさが生々しい。

劇中で二人が買って帰る回り灯籠は、無邪気な理想の象徴で（と説明するのも野暮だが）、差し迫る現実の前では所詮逃避や気休めでしかない。

とはいえ、気分の問題もまた重要な問題に違いない。どんな状況になっても、浮かぶ影絵に楽しみを見出せるくらいの希望は確保しておきたい。

『彼女と彼』

監督：羽仁進

脚本：清水邦夫、羽仁進
撮影：長野重一
出演：左幸子、岡田英次
1963年／113分／日本

いつか、ふたりの映画になる

「好きな映画は？」と聞かれても、わたしは一つに絞ることが出来ない。それに比べて父にはすぐに答えられる映画があった。それが父にとって一番の映画だったのかどうかは定かではないけれど。本棚にシナリオ本が置いてあるくらいだったから、思い入れがあったに違いない。

「どうしてお父さんはこの映画が好きだったの？」

「どうしてだろうね。すごく綺麗な映画だけど悲しいラブストーリーなのにね」

父が見えなくなってから、母にとってもこの映画は特別になった。どうしてこの映画が好きだったのだろう？　そう考えながら観る映画は、人生すらも辿るような気持ちになる。ふたり一緒に観た映画だけが特別ではないこと。最愛の人が好きだった映画の断片を辿ることでいつしかそれは、ふたりの映画になる。ふたりを見ていてわたしは素敵だなと、思った。

だからいつでも答えられるように決めておかなくては。好きな映画はいつか誰かに、わたしの代わりに人生を語ってくれるかもしれないから。

『ラストコンサート』

監督：ルイジ・コッツィ

脚本：ルイジ・コッツィ、ミケーレ・デレ・アイエ、
ダニエレ・デル・ジュディチェ

撮影：ロベルト・デットーレ・ピアッツォリ

出演：パメラ・ヴィロレージ、リチャード・ジョンソン

1976年／93分／イタリア

The end

ひとりで

出涸らしのコーヒー

ダシール・ハメットの小説以降、映画でも探偵にはコーヒーの描写が付き物となった。そう思っていたものの、改めて記憶をたどると具体的なシーンがそれほど浮かばず、真っ先に思い当たったのが本作。

私立探偵が失踪者の行方を探る、ハードボイルドもの。登場する面々もクセ者揃いで、ワーナーの丸いロゴからエンド・クレジットの出方まで、眺めているだけで楽しい。

とりわけ印象的なのはオープニング、起き抜けのシーン。コーヒーの粉を切らし、前日のフィルターでコーヒーを淹れる主人公。不味そうな一杯から、一日が始まる。それのどこが良いのか、うまく言語化出来ないが、こうしたダンディズムもありうるということ。様にならない事態に直面しても、ハードボイルド脳ではジョニー・マンデルの主題曲が流れているのだ。

劇中では、もっと重要なことがたくさん起きたはずなのに、忘れがたいのは何故かこういうシーンだったりする。

『動く標的』

監督：ジャック・スマイト

脚本：ウィリアム・ゴールドマン
撮影：コンラッド・L・ホール
出演：ポール・ニューマン、ローレン・バコール
1966年／121分／アメリカ

寂しさを実感するための
ルーティン

気乗りしないCM撮影で来日中、長年連れ添った妻との関係に距離を感じている俳優のボブ。カメラマンの夫の出張についてきたものの多忙で放置され、旅先で独りのシャーロット。誰より親しいはずのパートナーとの違和感を抱えた2人は東京のホテルで偶然出会い、その孤独感を共有する。冒頭、シャーロットが滞在するホテルの部屋から独り眺めていたグレイッシュで無機質な新宿は、まるで現実味が無く儚げだった。

すれ違うことなく完全に理解し合うなんて、全ての人間関係において難しいことだと思う。そう分かっているつもりでも自分の理想とのギャップに勝手に傷つき、悲しんだり怒ったりしてしまう。誰かといるから、すれ違いや孤独を感じて寂しくなるのだろうか。でも、寂しさを感じることが無かったら、誰かと一緒にいたいと思うこともないかもしれない。その方が悲しいのではないかと思う。だから独りで過ごす時間も大事にしたい。見慣れた景色や自分自身を俯瞰できるような場所で静かに過ごしたら、少しずつ降り積もっていたさまざまな負の感情もリセットできる気がする。

『ロスト・イン・トランスレーション』
監督：ソフィア・コッポラ

脚本：ソフィア・コッポラ
撮影：ランス・アコード
出演：スカーレット・ヨハンソン、ビル・マーレイ
2003年／102分／アメリカ

ひとりになって、はじめてわかること

遠く離れた都会で、故郷の友達のことを思うとき。少し寂しい気もするけれど、今いる場所での出来事に心をうばわれて、寂しさはすぐに紛れてしまうものです。この映画の主人公のように、辛い思い出ばかりの地元を出てきた人なら、なおさら。『謎めいた肌』は、児童虐待をテーマにしたヘビーな物語でありながら、若者の心の機微を繊細に描いた作品です。ニューヨークで生活をはじめた主人公が地下鉄で友達からの手紙を読んで微笑むシーンは、彼が小さなヘッドホンで聴いているコクトー・ツインズの楽曲と相まってとても印象的です。

悲しい秘密も打ち明けることのできた数少ない友達からの手紙を読む彼の気持ちが、私にはわかるような気がします。寂しさよりも心の大部分を占めるのは、新しい生活のこと。過去にどんなことがあったとしても、これからは違う生き方ができる、うまく行けば違う人間になれる。そんなふうに思うのではないでしょうか。ひとりになってはじめてわかることや、感じる気持ち。そういうものは案外たくさんあるものです。

『謎めいた肌』

監督：グレッグ・アラキ

脚本：グレッグ・アラキ
撮影：スティーヴ・ゲイナー
出演：ジョセフ・ゴードン＝レヴィット、ブラディ・コーベット
2004年／99分／アメリカ

広い世界にひとり、心地よい絶望に堕ちるとき

手放すべき特別な感情がまだ心にあるときは、広大な景色を見に行きたくなる。海原や雪山や、自分よりも遥かに大きなもの。そこに身を置いているとわたしはただひとりの人間でしかないことを思い知らされる。海や山の前で人は、名前も性別も職業も意味を持たない、ただひとりの人間でしかない。冷たい風や水を感じながら、いつの間にか手放すべき特別な感情は少し薄れている。

それをわたしは「心地よい絶望」と呼んでいる。手放すべき愛情や、もうここにいない人たちへの感情や、そういうものも心地よい絶望へと堕ちてゆけば、忘れることとさえも必要のないことに思える。

『お元気ですか？』と雪山で叫ぶ博子、海の前に立つローレンス。忘れられない感情と新しい感情の狭間には〈誰しもがただひとりの人間でしかない〉という心地よい絶望が必要なのだろうと思う。

ふたりがそうであったように、わたしも心地よい絶望を求めて広大な景色の前に立つ。

お気に入りは、生まれた町の雪山と秘密の海岸。

『Love Letter』

監督：岩井俊二

脚本：岩井俊二
撮影：篠田昇
出演：中山美穂、豊川悦司
1995年／116分／日本

『サマーフィーリング』

監督：ミカエル・アース

脚本：ミカエル・アース、マリエット・デゼール
撮影：セバスティアン・ブシュマン
出演：アンデルシュ・ダニエルセン・リー、ジュディット・シュムラ
2015年／106分／フランス＝ドイツ

剥製に煙草

テキサス州の酒場、従業員と妻の不倫を疑う経営者、そして浮気調査を依頼された探偵。それぞれのすれ違いから起こるノワール劇。

従業員の男が不倫相手の家、つまり雇い主の家からの去り際、煙草の吸い殻を部屋にある剥製にくわえさせる。あえて自身の痕跡を残すふてぶてしさから、後々自業自得な目に遭うのだが。こうした映画内の悪戯、とりわけ物語上の必要がないものには妙に気持ちをくすぐられる。

また小道具としての煙草は、人物の距離感や時間経過など、旧い映画ほど句読点のように多用されている気がする。自分の場合も煙草や煙はモチーフとして使い勝手がよく、非喫煙者のくせに絵の中に描きがちだ。

ところが、1999年の再編集版『ブラッドシンプル／ザ・スリラー』では、件の剥製のシーンがカットされてしまい、本編中に存在しない。個人的には、なんだか希少価値がついたようで、より印象深いシーンとなった。

『ブラッドシンプル』

監督：ジョエル・コーエン

脚本：ジョエル・コーエン、イーサン・コーエン
撮影：バリー・ソネンフェルド
出演：ジョン・ゲッツ、フランシス・マクドーマンド
1984年／99分／アメリカ

自分勝手な自由を最後まで貫いたら

くるっとした巻き毛のブロンド、長いまつ毛に印象的な瞳、厚く柔らかそうな唇、少女のような顔立ちは宗教画の天使に似ている。無垢で怪しげな美しさを持つ少年カルリートスは、まるで息をするかのようにためらいなく窃盗や殺人を繰り返していく。小さい子どもが悪気も無く虫を殺してしまうような残酷さだ。

「みんなどうかしてる。もっと自由に生きられるのに」そう言うカルリートス自身が、自由には見えない。本当はお金や貴金属に興味がないのに、相棒ラモンの関心を引くため一緒に盗みを重ね、彼のために殺人も厭わない。そうかと思えば、警察に拘束されたラモンを助けるつもりが、簡単に諦めて裏切ってしまう。

自分から離れて行きそうになった心を、強引に奪うけれど、手の中にはお金以外なにも残らなかった。

これを自由と言うのだろうか。

冒頭、盗みに入った豪邸で踊っていたカルリートスは、最後、空になったラモンの家で同じように踊る。好奇の目で見る沢山の人々に囲まれても、独り。淋しくて美しいエンディングだ。

『永遠に僕のもの』
監督：ルイス・オルテガ

脚本：ルイス・オルテガ
撮影：フリアン・アペステギア
出演：ロレンソ・フェロ、チノ・ダリン
2018年／115分／アルゼンチン＝スペイン

小津のタバスコ

小津映画を観ていて印象的なのは、画面構成の徹底ぶり。襖や障子をはじめ、直線や矩形の多い日本家屋の切り取り方や、ほとんど上下のパースがない（縦の線が垂直で、机やテーブルの天板を見せない）真横からの視点など、同時代の邦画と比べても〝旧き良き日本の情景〟というより、むしろ真鍋博の絵のようなSFっぽさすら感じる。

造り酒屋を営む一家を描いた本作でも、そうした精緻さは枚挙に暇がない。たとえば送別会のシーンにおける、卓上のタバスコ。ラベルの角ちょうどに残量が合わせてあり、細部へのこだわりに驚かされる。さりげない登場なので、お見逃しなく。

そうした画面の要素一つ一つを発見する度に、本筋とは別の感動を覚える。もちろん、それらの細部を包み込む全体の豊かさ、時間の流れ方こそが小津映画の魅力であり、何度も観返してしまう理由なのだが。とりあえず、自宅のタバスコを減らして、人知れずオマージュを捧げる。

『小早川家の秋』

監督：小津安二郎

脚本：野田高梧、小津安二郎
撮影：中井朝一
出演：中村鴈治郎、原節子
1961年／103分／日本

詩人になって見る世界は

7時のアラーム、窓の光、サボテンに水をあげる朝、8時に水色の部屋を出て、きっちり9時間働いて、7時の電車で水色の部屋へ帰ってくる。繰り返す毎日の景色を時に手放してみたくもなるけれど、わたしはここでそれを繰り返している。

パターソンはノートに詩を綴り、マリオはマイクに詩を吹き込む。どんな景色も言葉にすれば、別の方向へと動き出すことをふたりは知っている。言葉は目にも耳にも口にもなって、体の代わりにそこに残る。生活が作品になり、人生が作品になり、ひっそりと存在し続ける。〈繰り返す〉ということさえも大きな意味を持ちはじめる。

詩人になって見る世界は、どんな言葉にかたちを変えてここに残るのだろう?

わたしは今日も水色の部屋で、7時にアラームをかけて繰り返す準備をしているところ。

それはわたしの「作品No.01」なのかもしれない。

『パターソン』
監督：ジム・ジャームッシュ
脚本：ジム・ジャームッシュ
撮影：フレデリック・エルムズ
出演：アダム・ドライバー、ゴルシフテ・ファラハニ
2016年／118分／アメリカ

『イル・ポスティーノ』
監督：マイケル・ラドフォード
脚本：マイケル・ラドフォード、マッシモ・トロイージ 他3名
撮影：フランコ・ディ・ジャコモ
出演：マッシモ・トロイージ、フィリップ・ノワレ
1994年／108分／イタリア＝フランス

SANPEL
"作品No.01"

「書く」ことの希望
想いを言葉にできるのは大切なこと

「言葉は闇の中でも輝く」とはゴダールの『気狂いピエロ』に登場する言葉ですが、『17歳のカルテ』の主人公スザンナも、闇の中に輝く言葉を頼りに自分をその場につなぎとめ、生き延びた人だと思います。

問題のある行動を起こして精神病院に入院させられたスザンナは、はじめはその境遇を受け入れられないものの、徐々に仲間ができ、そこでの生活に馴染み、楽しみ方も覚えていきます。しかし、このままでは「ここでしか生きられない人間」になるのではないかと気づきはじめ……そんな心の揺れを彼女は日記に書き留めます。

言葉があり、読み書きができることに救われた、そう思った経験が私にもありますが、彼女もまさにそのような体験をしたのではないでしょうか。自分の心の中にある誰にも言えないことや、自分でもとらえきれない感情を、ひとつひとつ言葉にしていくこと。それがきちんとできるということは、生きていくうえでとても心強い支えになるものです。

『17歳のカルテ』
監督：ジェームズ・マンゴールド
脚本：ジェームズ・マンゴールド、リサ・ルーマー、アンナ・ハミルトン・フェラン
撮影：ジャック・グリーン
出演：ウィノナ・ライダー、アンジェリーナ・ジョリー
1999年／127分／アメリカ

日記を書く。わたしのために、わたしたちのために

目に映るすべてがとてつもなく退屈で、閉ざされた小さな世界にいるような気分。10代だったあの頃、わたしもそんなふうに思っていた。映画の中の彼女たちを取り巻く眩しい世界も彼女たちにとっては退屈そのものだったのかもしれない。いつまでも続くように思えることこそが絶望だったのかもしれない。大人になってはじめて、それがどれだけ可能性に満ちたものだったのかを、知る。わたしも同じように。あの頃抱えていた〈退屈〉は光に満ちた可能性だった。それに気がつけるのはきっと、もうその退屈を手放してしまったから。13歳のセシリアと同じ年の頃わたしも日記を書いていた。はやく町を出たいとか、友達との喧嘩とか、はたまた恋の嘆きとか。今となってはとても小さな世界の話。でもあの頃はその世界がすべてだった。今でも日記を書くときはあの愛おしい退屈を思い出す。どんな出来事もいつか眩しい記憶へと変わっていくことを信じて、今でもわたしは日記を書いている。わたしのために、わたしたちのために。遠い昔の彼女たちの眩しさがいつまでもそこに残っているように。

『ヴァージン・スーサイズ』
監督：ソフィア・コッポラ
脚本：ソフィア・コッポラ
撮影：エドワード・ラックマン
出演：キルスティン・ダンスト、ハンナ・ホール
1999年／98分／アメリカ

We wrote a diary. For us.
"Monday, February 13
Today we had frozen pizza."

イーニドこそ、マイ・ヒーロー
あこがれのスケッチブック

『ゴーストワールド』は僕にとってただの映画ではない、とても大切な作品です。学校に行かないのがすっかり普通になっていた16歳の頃に何度も観ました。

イーニドがいつも持ち歩いて、街で見かけたサタニストや友達の似顔絵などを描いているノートにあこがれて、僕もスケッチブックを持ち歩くようになりました。イーニドはお気に入りのステッカーや雑誌の切り抜きで表紙をデコレーションしていますが、いまほどオンライン通販が充実していなかった時代に田舎の高校生だった僕は、自分の絵で表紙を埋めるしかありませんでした。

いまでは恥ずかしくて見るに耐えない落書きが表紙にも中身にも散りばめられたスケッチブックですが、それでもいまもほとんど捨てずにとってあります。それは、何度か失敗作を描かなければ、理想の絵は描けないということを学んだ記録だから。イーニドが教えてくれた大切なことです。彼女はパンクになろうとしてすぐにやめてしまいますが、理想のために失敗し続けることこそ、本当のパンクなのかもしれません。

『ゴーストワールド』
監督：テリー・ツワイゴフ
脚本：ダニエル・クロウズ、テリー・ツワイゴフ
撮影：アフォンソ・ビアト
出演：ソーラ・バーチ、スカーレット・ヨハンソン
2001年／111分／アメリカ

MARK

過ぎていく時間を描き留める

アントニオ・ロペスという画家を知ったのは、2013年、渋谷での展覧会だった。代表作「グラン・ビア」は8年間、同じ季節、同じ時間、同じ場所に通って描かれた作品で、風景画やリアリズムといった言葉では言い表せない存在感に圧倒されたことを覚えている。どんな人物が、どんな風に描いているのか。

制作の様子を撮影したこの映画で、アントニオ・ロペスはアトリエの庭にあるマルメロの木を描き始める。時には家族や友人と会話をしながら、楽しそうに描いている。筆のスピードは遅くない。しかし、植物も陽の光も毎日少しずつ変化していく。何度も描き直すけれど、追いつかない。彼は、一瞬を捉えるのではなく、経過していく時間を描き留めようとしているのかもしれない。

季節は移り、マルメロの実は落ち、絵は完成しなかった。きっと翌年もそのまた次の年も、マルメロの前にキャンバスを構える。私も、特別な景色との出会いを絵にしたい。そのときの記憶や感情、言葉で表せないものが、ひとつひとつの筆跡に残ることを信じて。

『マルメロの陽光』
監督：ビクトル・エリセ
脚本：ビクトル・エリセ
撮影：ハビエル・アギーレサロベ、
アンヘル・ルイス・フェルナンデス
出演：アントニオ・ロペス、マリア・モレノ
1992年／139分／スペイン

column

ソウルで出会った愛すべき酔っぱらいたち

数年前の冬、夫とふたりで1週間ほど韓国のソウルに遊びに行った。以前に一度訪れたことはあったけれど、2泊3日の旅では観光地巡りをするのがやっと。今度はキッチン付きのウィークリーマンションを借りのんびり過ごすことにした。

今回の旅で決めていたこと。それはホン・サンス映画のロケ地巡り。私にとって、韓国と聞いてまず浮かぶのがホン・サンスの映画だ。そこでは人々はみな街のあちこちを彷徨い歩き、カフェでおしゃべりをし、また別のお店へと流れていく。何より欠かせないのが酒場。映画に出てくる誰もが驚くほど酒を飲んではくだを巻き、同じことを話しつづける。見ているこちらはその光景にあきれつつ、愛すべき酔っぱらいたちの不思議なリズムに知らぬ間に飲み込まれていく。ソウルを舞台にしたホン・サンス映画はたくさんある。『ヘウォンの恋愛日記』（2013年）、主人公のヘウォンは、ソウルの北村から西村にかけて、カフェや雑貨店、公園を移動して歩く。加瀬亮が主演した『自由が丘で』（2014年）では、タイトルと同じ名前の北村のカフェが舞台になり、そのごく周辺ですべてのドラマが起きる。こうした作品を見直し、登場人物と同じ場所をまわって歩いた。見覚えのある道や店を見つけては興奮しながら写真を撮ったり、同じメニューを頼んだり。『次の朝は他人』（2011年）で、主人公の映画監督とその友達がしこたまマッコリを飲む店を発見したときは嬉しかった。同じようにホッケをつつきながら金盥入りのマッコリを飲み、上機嫌で帰途についた。
　でもなぜだろう。何かが足りない。真似はできても、映画のなかに入り込むことはできない。当たり前なのに妙に寂しい。映画とまったく同じ構図で撮った写真を見返すと、それがいかに映画と別物であるかを痛感させられた。そんななか、滞在最終日がきた。最後の夕食は、マンション近くのチョッパル（豚骨の煮込み）専門店。どこか物足りない気持ちながらも、大量の肉とマッコリに、まあこれはこれで満足だと思えてくる。店は地元の人たちで賑わっていて、遠くの席では飲み会も開かれていた。派手な笑い声に混じり、ときおり興奮した声が上がる。誰かひとりの声が高くなりすぎると、まあまあと諌めるように「コンベ！　コンベ！」とグラスをぶつけ合う。そんなやりとりが数分おきに繰り返される。やがて宴会は静かになり、しんみりとした声色に変わってくる。それでもおしゃべりは終わらない。そのときふいに、ああ今こそ私はホン・サンス映画のなかにいる、と思った。韓国語で話される内容はさっぱりわからない。けれど、少し興奮気味で甘えたような声が耳に心地よく響く。グラスのぶつかり合う音。冷めた料理をつつき合う箸の音。こうした音たちこそが私が憧れたもので、ホン・サンス映画でたびたび描かれてきた愛すべき酔っぱらいの姿だった。旅の最終日、大好きな映画に立ち会えた。

PROFILE
月永理絵
1982年生まれ。映画ライター、編集者。雑誌『映画横丁』編集人。『朝日新聞』『メトロポリターナ』等で映画評を執筆する他、〈映画酒場編集室〉名義で書籍、映画パンフレットの編集・執筆を手がける。

知らない人と

はじめましての目印を、

知らない誰かとのファーストコンタクトが「文字」というのは、現代ではよくある出来事。交流がインターネットの中だけの人も沢山いる。なかには「文字」だけの関係を飛び出して顔を合わせ、友人になった人もいる。仲のいいあの人も、思い返せばファーストコンタクトは「文字」だった。はじめて会った日、イメージとは違うと、互いに笑ったことを覚えている。互いの文字しか知らない人に会うときの、視覚的な目印を教え合う瞬間が好き。服の色、髪型、喫茶店の席の位置とか、そこからなにが見えているとか。そのとき頭に浮かぶのは、(ハル)と(ほし)がはじめて存在を確認し合う日の目印。

『ハンカチを振ります。赤い服の女。赤い服に白い車』、景色の中に目印を探して見つける瞬間。目に飛び込んでくる色や、顔や、仕草や、それら。そのときに出会い直す気がする。文字も形も色もなにもかもが結びついて存在しているその人と。はじめましての目印を、これからいくつ見つけることになるのだろう? それを考えると、人生がすこし楽しみになる。

『(ハル)』

監督：森田芳光

脚本：森田芳光
撮影：高瀬比呂志
出演：深津絵里、内野聖陽
1995年／118分／日本

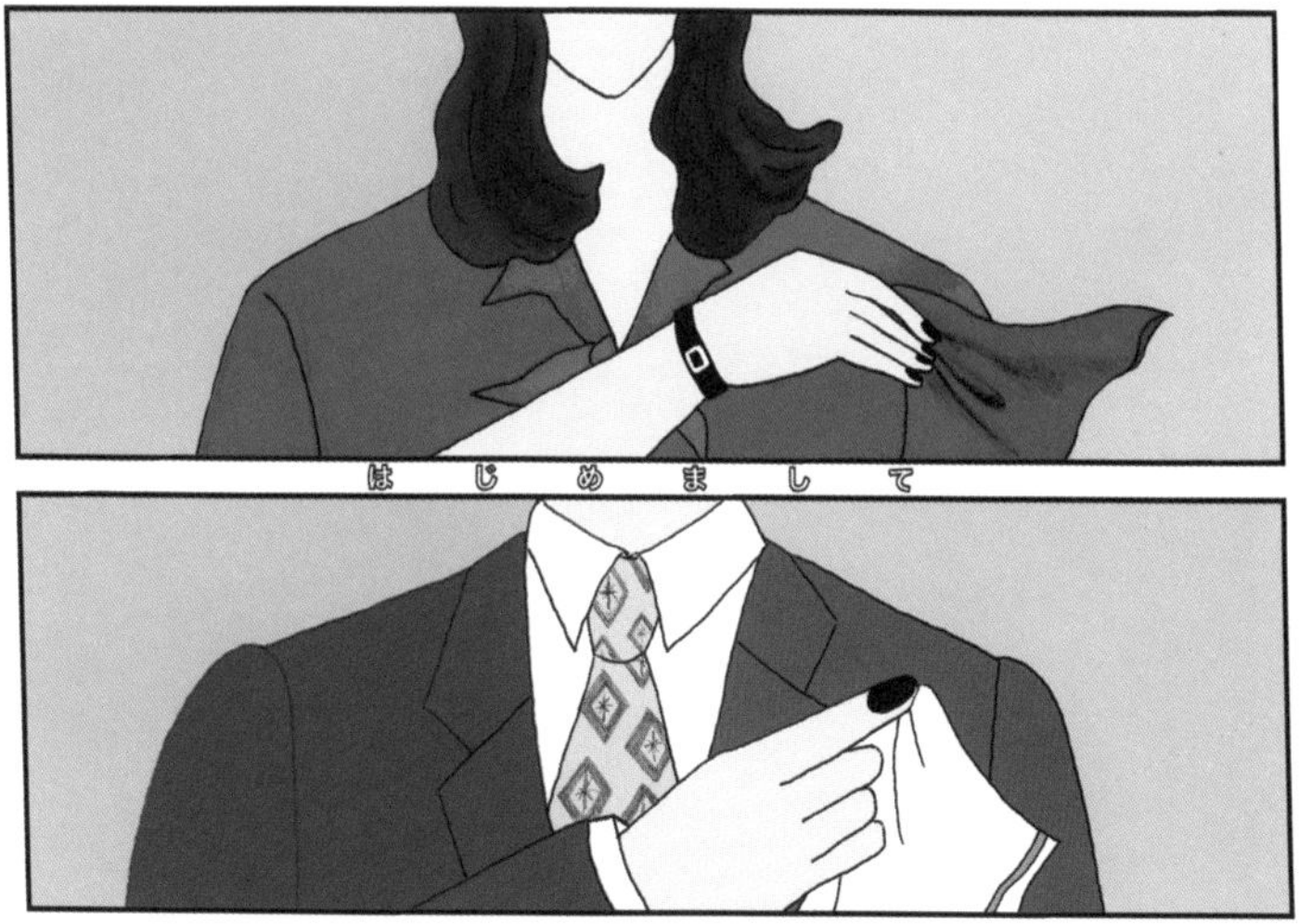
はじめまして

ひと夜限りの出会いを楽しむ

人気脚本家で小説家を志すギルは、婚約者の両親の出張に便乗しパリに滞在中。酔い覚ましに深夜の街を独り歩いているうちに、とあるパーティーに紛れ込む。そこは何故か憧れの1920年代の世界だった。フィッツジェラルドにヘミングウェイ、尊敬する作家たちとの出会い。しかもガートルード・スタインが自分の小説を読んでくれるという幸運。やがてピカソの愛人アドリアナに出会い、恋に落ち、ギルは現代と過去の狭間で思い悩むこととなる。

深夜の街には非現実的で異次元的な、不思議な時間が流れている場所があると思う。それはうっかりハマると帰ってこられなくなりそうな……。

あるバーで、偶然隣に有名な美術家が座った。驚いたけれど、気さくに話をしてくれたので嬉しかったし、楽しい夜だった。だけど何度思い出そうとしても、たくさんの古いレコードが並ぶ、渋くて居心地の良いあの店の名前も場所もわからない。あれは夢だったのか、またそんな夜があったらなぁ、と深夜の街を、いくつもの店の灯りを、眺めて歩く。

『ミッドナイト・イン・パリ』
監督：ウディ・アレン

脚本：ウディ・アレン
撮影：ダリウス・コンジ
出演：オーウェン・ウィルソン、マリオン・コティヤール
2011年／94分／スペイン＝アメリカ

Bar

落とし物からはじまって

『たいていの物語はこのようにはじまる』

　この一文から見知らぬふたりの物語ははじまる。公園でジュリーが落としたメガネをセリーヌが拾い、それはまるで遠い昔から決まっていた出来事かのように。

　わたしの場合にはそれは喫茶店だった。クリスマスの午後にプレゼントが入った紙袋を落とし、翌年はお気に入りのパープルの巾着を落とし、その度に喫茶店に走った。

　3回目の落とし物をした日、重い喫茶店のドアを開けるとカウンターでコーヒーを飲んでいた常連のおじさんが「あのクリスマスの落とし物の子か！」と、わたしを見るなりそう言った。わたしたちはハイタッチをして、なぜか拍手が巻き起こり、一瞬にしてわたしたちは知らない人から知っている人になった。

　毎日にはたくさんのきっかけが散りばめられて、拾い上げるのはわたしかもしれないし、落としていくのはあなたかもしれない。

　もしくはわたしかもしれない。

『セリーヌとジュリーは舟でゆく』
監督：ジャック・リヴェット
脚本：ジャック・リヴェット、ジュリエット・ベルト、ドミニク・ラブリエ　他2名
撮影：ジャック・ルナール
出演：ジュリエット・ベルト、ドミニク・ラブリエ
1974年／192分／フランス

温泉場、夏休み

夏休みを温泉場で過ごす人々の、交流と別れ。あらすじを要約してしまえば、ほとんどそれだけの物語で、映画自体も温泉に浸かっているかのごとく、のんびりゆったりと進行する。ぼんやりしていると寝過ごしかねない。まぁ、それもまた良しである。

しかしながら、何の変哲もないように見えて、立ち現れてくるのは特別な何か。画面中央、道の真ん中を進んでゆく構図や、横へ横へと続く空間の見せ方、重要な物事を省略する大胆さ、見せることと同等に見せないことで語る方法など、憚りながら自分のようなイラストレーション業や画作りに関わる人間にとっては示唆に満ちていて、ぼんやりどころではない。……と言いつつ、日常のことは忘れて、劇中の温泉場のような空間で、ひと夏のんびり過ごしたい気にもなる。

一件落着して、人知れず去りゆくヒーロー……、古今東西のそうしたパターンとは真逆に、ヒロインだけが取り残されてゆく本作。非日常の世界と帰るべき日常、制作・公開された時勢を考えると、そうした意味合いをより切実に感じる。

『簪』

監督：清水宏

脚本：清水宏
撮影：猪飼助太郎
出演：田中絹代、笠智衆
1941年／75分／日本

大切なことを見失わないよう想像してみる

学校での友達関係に疑問を持ち登校拒否中のまいは、魔女と呼ばれる祖母の家で、魔女修行と称し自然に囲まれ過ごしていたが、とある出来事から、隣に住むガラの悪い男性への疑念や強い嫌悪感を抑えられなくなる。その結果、大好きな祖母のことまで拒絶し、最悪な形で距離を取ることになってしまった。

隣人に対するまいの否定的な感情は、多感な年頃の女の子なら当然の反応でもある。だけど、直感と見た目の印象に囚われ過ぎて、それ以外が見えなくなってしまったのだろう。相手のことがよく分からないと、不安や恐れに近い感情を持ってしまう。

2年後、少し成長した少女は、祖母への態度を後悔し、隣人への印象が誤っていたことに気付く。

大人の自分はどうだろうか。直感が当たることも確かにあるけれど、表面に見えるものだけで全ては分からない。分からないことを拒絶する前に、たとえ理解できなかったとしても、まずは知ってみようとすることを優先していきたい。それは私なりの魔女修行だと思っている。

『西の魔女が死んだ』

監督：長崎俊一

脚本：矢沢由美、長崎俊一
撮影：渡部眞
出演：サチ・パーカー、高橋真悠
2008年／115分／日本
Blu-ray& DVD 発売中（発売：アスミック）

音楽に足を止めて

道端で鳴り響く音楽に、心のままに足を止めたとき、そこからはじまるなにかがある。

あの日、バスのロータリーに座りながらわたしたちはギターを聴いていた。しばらくするとどこからかギターを背負ったおじさんが加わり、たちまち賑やかな演奏に変わる。曲が終わる頃にはずいぶん前からの知り合いのようにハイタッチをして、名前も知らないままたここで会う約束をして手を振った。わたしたちは手に持っていたアイスクリームを渡し、ふたりからワインを受け取った。その帰り道に思い出したのは小さなエイミーの歌声。道端のギターに足を止めて、歌うことで会話をしたエイミーのこと。

音楽はきっかけになって、会話になる。言葉よりもそれはもっと親密に。

エイミーが歌う『You and Me』を聴くとき、わたしはよく冷えた赤ワインと夏の夜を思い出す。

『エイミー』
監督：ナディア・タス
脚本：デヴィッド・パーカー
撮影：デヴィッド・パーカー
出演：アラーナ・ディ・ローマ、ベン・メンデルソン
1997年／103分／オーストラリア

納屋を建てる

殺人事件の唯一の目撃者である少年とその母親、そして二人を守る刑事の交流。主演は当時『ブレードランナー』『スター・ウォーズ』『インディ・ジョーンズ』と、代表作が立て続けだったハリソン・フォード。それらの大作と打って変わって、主な舞台となるのは、少年たちの暮らすアーミッシュの村。車や電気のない、近代以前の暮らしを続ける実在の村である。彼らの生活風景も本作の見どころの一つ。

とりわけ印象的なのは、納屋を一日で建てるシーン。子供から大人まで、同じ服装の村人たちが集まってトンカン、トンカンと電動工具なしで柱や梁を組み立ててゆく様は、牧歌的で絵本のようにも、フェルメールの絵画のようにも見える。都会から来たよそ者である主人公は、共同作業を通して次第に受け入れられてゆく。

自分も工具片手に、絵のような世界の中に加わりたい。実際のところ、大工仕事で役に立てるかどうかは別として、そんな気持ちが湧いてくる。

『刑事ジョン・ブック 目撃者』

監督：ピーター・ウィアー

脚本：ウィリアム・ケリー、アール・W・ウォレス
撮影：ジョン・シール
出演：ハリソン・フォード、ケリー・マクギリス
1985年／112分／アメリカ

近づいたり離れたり
都市生活の孤独

経済的に発展していく都市の中、人々ははなればなれになっていく。個人のライフスタイルの選択肢が広がり、因習から自由になっていく一方で、孤独が肥大していく。人々は小さく区切られた部屋の中にいて、区切られた自分だけの生活を生きている。オフィスビルやマンションの中で顔見知りになったとしても、「知り合う」ことは難しい。

印象的なのは、墓地の営業マンとして働く主人公の会社で行われるレクリエーションのシーン。社内の親睦を深めるため、狭い会議室に人々が集まり、いくつかのグループに分かれて輪になり踊っている。遅刻した主人公はどの輪にも入れず、踊る人々の間を縫って部屋を出てしまう。

個人ごとに区切られ切り離された主人公たちの孤独な生活を淡々と追いかける画の中には、底なしの所在なさが漂っている。自分が参加している「社会」とは何なのか、そもそも「自分」とは何なのかわからなくなるような。あなたも、この映画の中に自分の姿を見るかもしれない。

『愛情萬歳』

監督：ツァイ・ミンリャン

脚本：ツァイ・ミンリャン、ヤン・ピーイン、
ツァイ・イーチュン

撮影：リャオ・ペンロン

出演：ヤン・クイメイ、リー・カンション、
チェン・チャオロン

1994年／118分／台湾

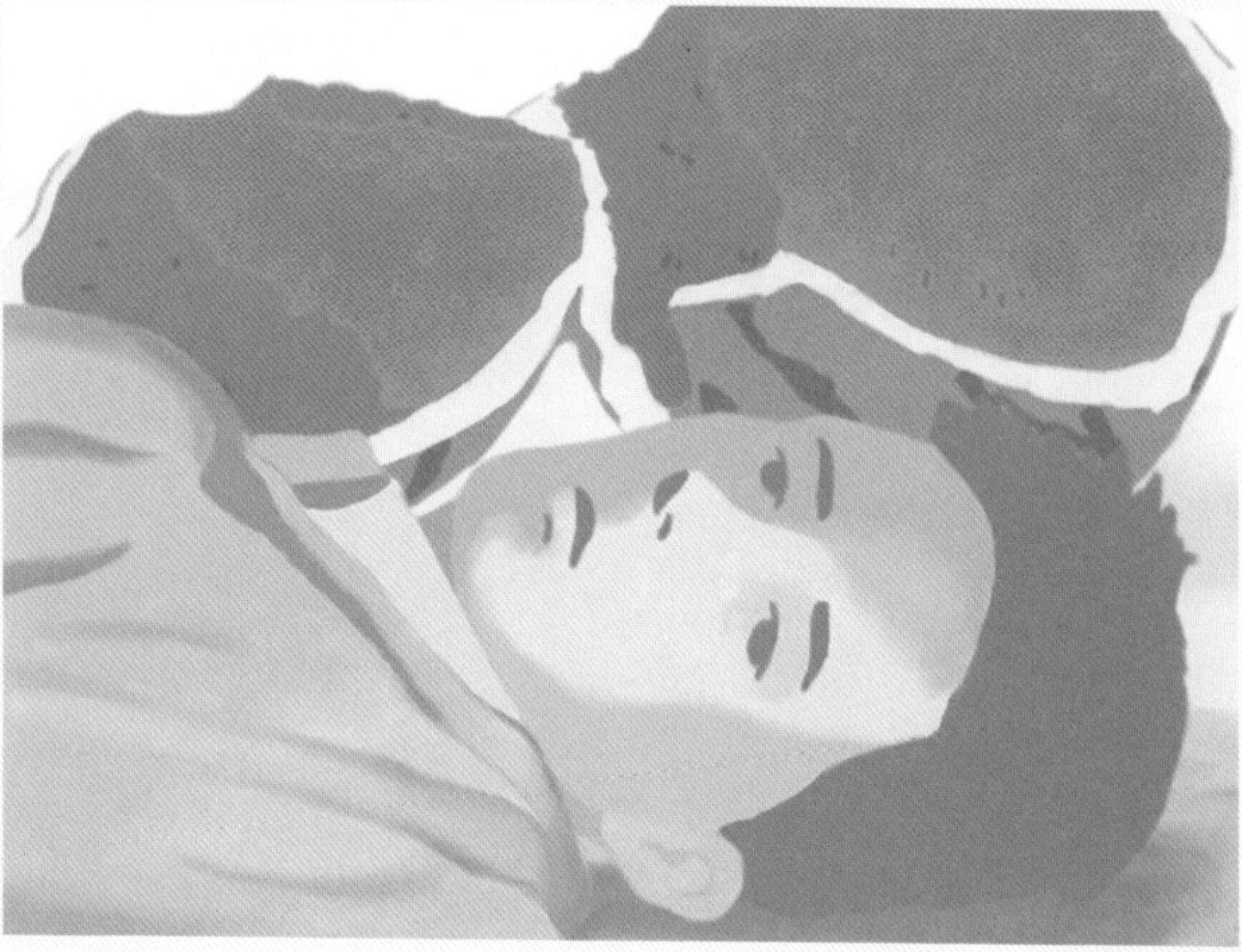

風船に煙草

サスペンス映画の巨匠、ヒッチコックの演出は緊張と緩和が巧みで、観ていて反応にちょっと困るような、可笑しくも怖いシーンが多い。交換殺人を持ちかけられた男の恐怖を描いた本作でも、その手腕は随所で発揮されている。

たとえば劇中で犯人が、風船を持った子供に玩具の拳銃を向けられるシーン。一瞬怯んだ後、すれ違いざまに煙草の火で風船を割り、子供に仕返しをする。「犯人の異常性の表現」と評されることもあるシーンだが、どこかユーモラスにも見えて、自分も同じ場面に遭遇したら再現してみたい、と密かに思ってしまったりする。いつか魔が差しそうで怖い……。まぁ、そもそも煙草自体を吸わないのだけれど。とりあえず、こうして絵のネタとして消化してしまうことで、事なきを得る。

そうした具合に、優れた作品というものは、受け手の価値観や遊び心に(ときに余計な)刺激を与えてくれる。

『見知らぬ乗客』
監督:アルフレッド・ヒッチコック
脚本:レイモンド・チャンドラー、チェンツイ・オルモンド
撮影:ロバート・バークス
出演:ファーリー・グレンジャー、ロバート・ウォーカー
1951年/101分/アメリカ

表向きは浮気された女たちの復讐劇
でも、実際は？

「あなたは影のない人だって、あたし誰かに言ったことがあるけど、現代の社会機構の中に巻き込まれると、誰でもそうなるのよ。忙しく飛び歩いて、事務的なとの処理は大変にうまくなるけど、心と心を触れ合わせることのできない生き物になってしまうのよ。」

これは終盤に登場する印象的なセリフです。

高度経済成長期のテレビマンとして働く男が、忙しいのを良いことに、妻以外の9人の女の間を飛び回って不倫を働き、女たちが復讐のために団結して彼の殺害を企てるというストーリー。でも、忙しく働き続けると「影のない」人間になってしまうというのがこの作品の主題なのではないかと私は思います。

「あなた、なぜ生きて、なぜ働いて、自分の人生の目的が何かってこと、考えてみたことあるの？」

このセリフは、私たちひとりひとりに投げかけられているのかもしれません。

『黒い十人の女』
監督：市川崑

脚本：和田夏十
撮影：小林節雄
出演：船越英二、岸惠子
1961年／103分／日本

現実逃避して忘れられるなら

何もかも上手くいかない。だからといって抗おうとも思わない。焦って行動したところで、たいていどうにもならないから、そんな淀んだ流れと距離が取れるよう、静かに時間が過ぎるのを待つようにしている。

L.A.で仕事が無く、家賃は滞納、彼女のヒモ状態で夢を追うギークな青年サムは、近所に住む美女サラの失踪をキッカケに、街に渦巻く不可解な出来事を、パズルを解くように追っていく。

その姿は、名探偵や正義のヒーローのように見えてもいいはずなのに、夢をあきらめきれず、憧れの地にしがみつくヒモ男の現実逃避そのものだった。

人は簡単には変われないんだなぁと、後味は悪いけどある意味ホッとする。理想の自分になりたいと思いつつも変われないでいる姿に、少し共感してしまう。

鑑賞後、各シーンに散りばめられたオマージュ、L.A.を象徴するスポットやカルチャーを調べてみるのも面白い。そんなことに夢中になっているうちに、気付けば沈んだ気分も落ち着き、澄んでいたりする。

『アンダー・ザ・シルバーレイク』

監督：デヴィッド・ロバート・ミッチェル

脚本：デヴィッド・ロバート・ミッチェル
撮影：マイク・ジオラキス
出演：アンドリュー・ガーフィールド、ライリー・キーオ
2018年／140分／アメリカ

過去から届く、あなたのためのメッセージ

小説を読んでいて、そこに書かれている出来事が自分のことのように感じられたり、自分のために書かれた物語だと感じてしまったりすることがあります。不思議な感覚ですが、遠く離れた場所であっても、全く別の時代であっても、書いているのは同じ人間なのですから、経験やそれにまつわる感情がシンクロしたり、著者が込めた想いを受け取る相手が自分だったりしても、全くおかしなことではないはずです。

この映画では、小説『ダロウェイ夫人』を執筆中のヴァージニア・ウルフと、30年後にそれを読む主婦、その50年後を生きる女性、3人の人生が交差します。

主婦として一見幸せな結婚生活を送るローラは、心の中では別の生き方を求めており、そんな自分と『ダロウェイ夫人』の主人公を重ね合わせます。起き抜けのベッドで、キッチンで、むさぼるようにクラリッサ・ダロウェイの人生を追いかけるのです。

すぐれた小説からは、遠く離れた場所や、はるか昔の時代を生きた人の言葉を、自分のものとして受け取ることができるのでしょう。きっと映画も同じです。

『めぐりあう時間たち』

監督：スティーブン・ダルドリー

脚本：デヴィッド・ヘア

撮影：シェイマス・マクガーヴェイ

出演：ニコール・キッドマン、ジュリアン・ムーア、メリル・ストリープ

2002年／115分／アメリカ

Mrs. Dalloway
VIRGINIA WOOLF

column

誰かがそれを見守っている

うちのお墓は小田原の寺にある。昔はよく父の運転するクルマで行った。母と妹と祖母が一緒だった。祖母の話では、幼い頃、私は祖父の墓の前で「ホネホネロック！」と口ずさみながら、踊っていたらしい。意外にも、それが嬉しかったと言っていた祖母も、いまは祖父と同じ墓の下に眠る。

ここ数年は電車で向かう。今回もそうだ。私と妻、そしてまもなく3歳となる息子。息子はロマンスカーに乗れて嬉しそうだ。お寺に着くと、すでに遠方からきた親戚たちが集まっていた。こんな大勢での墓参りは初めてかもしれない。いや、正確には墓参りではなく、今日、お墓に骨を納めるのだ。墓に入るのは、私の母である。

政府が緊急事態を宣言した日、母はふらっと逝ってしまった。COVID-19ではなかった。ただ、COVID-19の余波で、親戚を交えた葬式は叶わなかったし、納骨もままならなかった。半年ほど経って、ようやく実現する。

「君、ワンショット千年だよ」

黒澤明がそんなことを言っていた、と本で読んだ気がするのだが、誰のなんていう本なのかが思い出せない。ネットで検索してもヒットしないので、私の勘違いの可能性もある。でも、例えば『2001年宇宙の旅』の映画版で、類人猿の投げた骨が一瞬にして宇宙船へと繋がる。そういった時間の跳躍とでも言うべき刹那に、「映画」が宿ることは、実感としてわかる。

あるいは、時間さえ跳躍するなら、ショットを繋がなくてもいいのかもしれない。『アメリカン・グラフィティ』のラストシーン、旅立つ飛行機のショットに、主人公たちのその後がずっと示される。「65年、ベトナム戦争で行方不明」といった内容の文字。それだけで時間を跳べる。もちろん、そこに至るまで50年代のティーンエイジャーたちの甘酸っぱい青春模様をきっちり描いたからこその跳躍でもあるわけだが。

跳躍に「映画を感じる」とは、いったいどういうことか。きっとそれは時間を俯瞰する誰かの視線を感じる、ということなのだろう。神なんてことで説明つくのなら話は早いが、もっとシンプルに、まずそれは、暗闇に光るスクリーンや、デバイスのモニターを見つめている観客のことだ。

よく伝統芸能のドキュメンタリー番組を見ると、芸の家に生まれた子どもが、親に厳しく稽古をつけられ、泣きながら頑張るといった場面が出てくる。そこに、かつてその親もまた、泣きながら頑張る子どもであったときの映像がインサートされることもある。重要なのは、「親も同じでしたよ」という構図ではない。親もまたかつて誰かに見守られており、それは「現在の親子にもなお注がれ続けている」という気配こそが、私たちの心を震わせる。

母の遺骨を先祖代々の墓に納める。「ホネホネロック」こそ歌わないが、息子は墓場でプラレールを走らせようとする。母も祖母もこんなふうに私を見守っていたのかもしれない。それをずっと見つめる人がいるのなら、どんな映画のように映っているだろうか。

PROFILE
九龍ジョー

ライター、編集者。ポップカルチャーから伝統芸能まで幅広く執筆。編集を手がけた書籍・雑誌・メディア多数。YouTubeチャンネルの監修なども。著書に『伝統芸能の革命児たち』『メモリースティック』ほか。

友だちと

たまにはお互い
好き放題の1日

キリッと太く引いたアイライナーに花かんむり、ガーリーなファッションに身を包んだキュートな2人の女の子。そんなイメージから可憐な少女の憧れや夢が詰まったファンシーな映画かと思っていたら、とんでもない。赤毛とブルネット、2人のマリエは、おじさんをたぶらかすわ、コンサートを妨害するわ、パーティーのご馳走や会場を台無しにするわ、めちゃくちゃなことをしでかしては屈託なく笑う。まるで「悪いことをする自由」を楽しんでいるように。この、自分勝手で手のつけられない自由奔放さは、かわいいだけじゃない〝女の子〟の逆襲だ。たまには好き放題に楽しむ1日があってもいい。仕事なんてズル休みして、友達を呼んで、自分たちだけのためにおしゃれをして、美味しいものを食べて、好きなように過ごす。いつもより派手なメイクをしてみるのもいい。いや、しなくたっていい。何をして、何をしないのか。思うままに、自分で決めていくことが重要なのだ。明日のことは気にしない。映画の中ほどの悪事を働かなければ、なんてことはない。後片付けが大変くらいなものだろう。

『ひなぎく』

監督：ヴェラ・ヒティロヴァー

脚本：ヴェラ・ヒティロヴァー、エステル・クルンバホヴァー
撮影：ヤロスラフ・クチェラ
出演：イトカ・ツェルホヴァー、イヴァナ・カルバノヴァー
1966年／75分／チェコ・スロヴァキア

友達と過ごす
夢のショッピングモール

あなたは、友達とお揃いの服を着て、ショッピングモールに行ったことはありますか？ ショッピングモールを素晴らしい遊び場だと思ったことはありますか？ ティーンエイジャーの頃、私の近所にショッピングモールはありませんでしたし、誘ってくれる友達もいませんでした。だから、友達とオシャレして行くショッピングモールは、永遠のあこがれです。

『ホット・チック』は、容姿端麗なチアリーダーが呪いのイヤリングのせいで毛むくじゃらのおじさんの体になってしまうお話。見た目が変わってしまっても自分のままでいられるのか、友達は自分を受け入れてくれるのか、人は見た目じゃなくて……本当は何が大事なの？ なんてことを教えてくれるおバカなコメディです。

彼女たちが毎日のように遊びに行くショッピングモールは、よく見るとただの安っぽい商業施設に見えます。キラキラ輝いて、胸をときめかせてくれるものがいっぱいに詰まった場所に見えるのは、きっと友達の存在があるからなのでしょう。

『ホット・チック』
監督：トム・ブラディ
脚本：トム・ブラディ、ロブ・シュナイダー
撮影：ティム・サーステッド
出演：ロブ・シュナイダー、アンナ・ファリス、
レイチェル・マクアダムス
2002年／104分／アメリカ

逃亡するわたしたち

道の真ん中に突然、ウエディングドレスを着た女の子が現れたなら、すぐに友達になれるだろうか？

そんなことを考えている間もなく、画面の中のふたりは一瞬にして友達になって、そのまま無計画な逃亡をはじめる。それは余りに一瞬の出来事で、わたしは取り残されたまま、あっという間にふたりの逃亡劇は終わる。思い出せるのは暑そうな日差しの中を走る、15歳のシャルロット・ゲンズブールのあどけない表情。それは蜃気楼みたいに、夏になると目の前に現れたりもする。

「わたしたち、未だに小学生みたいなことしてるね」

そんな会話をしたのはわたしたちの20代最後の夏。手持ち花火に火をつけて、その光を追った夜。そういえばわたしたちも、突然に出会い友達になってここにいる。気付いたらみんなすっかり大人になって、そんなことすらも忘れてここにいる。わたしたちはそれぞれに無計画な逃亡の最中なのかもしれない。あどけない少女たちが逃亡したように。

わたしたちも少しだけ大人になりながら。

『メルシー・ラ・ヴィ』
監督：ベルトラン・ブリエ

脚本：ベルトラン・ブリエ
撮影：フィリップ・ルースロ
出演：シャルロット・ゲンズブール、アヌーク・グランベール
1991年／117分／フランス

真剣だからこその爽快感

17歳のブリスは、田舎町での暮らしも、母の希望でミスコンテストに参加する日々にも、うんざりしていた。そんなある日、買い物に出かけた街で偶然ローラーゲームに出会う。

やりたいことを見つけたブリスは、突然生き生きとして、ローラーゲームに対して積極的になっていく。家族に嘘をついて練習時間を捻出し、年齢詐称してまで受けた入団テストは合格。ゲームに出場すれば大活躍。素敵なボーイフレンドもできて何もかも順調！と思いきや……。17歳らしく悩み傷つきながら前進する姿がとてもポジティブに描かれる。

セクシーで個性的なユニフォームをまとい、ケガ上等で激しくぶつかり合う。チームメイトはそれぞれ事情を抱えたアクの強い大人の女で、まとまり無さそうに見えるけれど、チームには強い連帯感がある。そんな仲間やクールなライバル達の姿があまりにも爽快で、思わずローラースケートができるリンクを探してしまった。アザができるくらい思いっきり転んで、笑いながら見せ合ったりするのも、悪くないかもしれない。

『ローラーガールズ・ダイアリー』
監督：ドリュー・バリモア
脚本：ショーナ・クロス
撮影：ロバート・イェーマン
出演：エレン・ペイジ、ドリュー・バリモア
2009年／112分／アメリカ

良い子は真似してはいけません
エゴイストの繰り広げる乱痴気騒ぎ

ダンスの振り付けを完璧に覚えられた人から食事をとって良い——なんてゲームをしたことはありますか？『焼け石に水』のアイコニックなダンスシーンはそんなふうにしてはじまります。

衣装や美術、セリフのいたるところに象徴的な要素が散りばめられて、演劇的な印象を受けるこの作品ですが、このダンスシーンはまさにステージの上で踊っているかのようです。

恋愛に溺れてしまう人間のだらしなさや馬鹿馬鹿しさを描き、愛と憎しみが交錯していくこの物語。緊張に満ちた空気を吹き飛ばすように唐突に挟まれるサンバのダンス。鬼才R・W・ファスビンダー原作と聞けば納得ですが、自分勝手な人間たちの繰り広げる乱痴気騒ぎは楽しく、怖ろしく、哀しいです。

恋人同士になり距離が近くなると、人は無遠慮になってしまうもの。友達にしたら無礼だと思うことでも、相手が恋人だとうっかりやってしまいますね。どんなに心を許しても礼儀を忘れたらそれこそ焼け石に水。取り返しのつかない状態になるのです。

『焼け石に水』

監督：フランソワ・オゾン

脚本：フランソワ・オゾン
撮影：ジャンヌ・ラポワリー
出演：ベルナール・ジロドー、マリック・ジディ、
リュディヴィーヌ・サニエ、アンナ・トムソン
2000年／90分／フランス

どんな自分も受け入れてくれる場所

クリスマス・イブ、「カフェ・ド・念力」という喫茶店に個性豊かなエスパー達が集う。普段は隠している能力を披露する秘密のパーティーを開くためだ。

超能力といっても、たい焼きのあんこを透視したり、自動販売機でジュースを当てたり、ささやかで微笑ましい。ところが、人違いで招き入れた非能力者に、能力を知られてしまう。どうにか秘密を守りたいエスパー達。どういう訳か超常現象番組のADまで現れて、事態は思わぬ方向に。

映画の中ですら超能力は万能ではない。だけどそれぞれの能力を工夫し、大切なものを守ろうと協力するところは、個性が違っても一緒に過ごせる友人がいるのは特別なことだと気付かせてくれる。お互いの不完全なところを笑いながら補い合えるような関係性。いい歳になった大人にだって、そんな場所が、仲間が、きっと何処かにはあるのかもしれない。

そして超常現象だって、もしかしたら存在するのかも？　なんて思わせてくれる、ＳＦ（少し不思議な）コメディだ。

『曲がれ！スプーン』

監督：本広克行

脚本：上田誠
撮影：川越一成
出演：長澤まさみ、志賀廣太郎
2009年／106分／日本

最後に帽子

ジェームズ・ボンドの投げた帽子が、上司の秘書ミス・マネーペニーの机の前の帽子掛けに掛かる。『007』シリーズ初期に繰り返されてきた、おなじみのシーン。

ボンドに好意を持っているらしい彼女と、その様子を察しつつ、のらりくらりと交わされる一連のやり取りは、大人っぽくもあり、どことなく長閑さもあるシリーズ初期の好きなシーンの一つだ。

「007」といえば大人の男のイメージ。より正確にいえば、〝男子〟の考える大人の男のイメージ。秘密道具、謎の美女、重要な任務。本作もまた、悪の組織やら秘密基地やら、荒唐無稽な展開を見せるのだが、一変して物語終盤、それまでと違った意味合いで投げ渡される帽子。お約束に幕を引く、なかなか大人な決別であった。ちょっとズルいが、自分もそんな去り方の出来る大人でありたい。

それにしても、画面いっぱいに広がる群衆や、雪山のような雄大なシーンは、出来るだけ大きなスクリーンで（更に可能なら広川太一郎の吹き替えで）観たいものだ。

『女王陛下の007』
監督：ピーター・ハント

脚本：リチャード・メイバウム
撮影：マイケル・リード
出演：ジョージ・レーゼンビー、ロイス・マクスウェル
1969年／142分／イギリス

友達になれる?

『僕らはガリベンであり、スポーツ馬鹿、不思議ちゃん、お姫様、チンピラ。答えになっていますか? 以上です。ブレックファスト・クラブより』

土曜日の朝には彼らを思い出す。

朝7時、図書館に集められたなにもかもバラバラな5人。「自分とはなにか」という問いに対する彼らの答えが出るまでの数時間の出来事。

人間は自分とよく似たモノには好意的で、それ以外のモノには無関心、もしくはまるでそこに居ないかのように都合よく扱う生き物なのかもしれない。まだ、未熟なうちは。

ブライアンが言う。『僕は誰も無視しない』と。

ブレックファスト・クラブを思い出すときわたしは10代を振り返り後悔する。関心を抱くことと、線引きをしないこと、言葉にしばられないこと。似ていなくたっていい、みんなが普通で、みんな普通じゃないってこと。

そうやって友達になることに勇気を持ってみたかったな、と。

『ブレックファスト・クラブ』

監督:ジョン・ヒューズ

脚本:ジョン・ヒューズ
撮影:トーマス・デル・ルース
出演:エミリオ・エステヴェス、モリー・リングウォルド
1985年/97分/アメリカ

大人になる前のひととき
友達でいてくれた人たちのこと

この映画を観るたび、10代前半の頃に感じていたことを忘れたくないなと思います。自分を子供だと思いたくなくて、でも大人だとも思えなくて、何だと思えば良いのかわからなかった頃のことを。

この顔で良いのか？　この髪型で、この服装で、この歩き方で良いのか？　自分にまつわるひとつひとつが気になって不安で仕方なかった。お手本になりそうな大人を探したり、真似してみたりして、この先に起こるであろう色々が不安で仕方なかった。大人になっても学校から解放されるわけではなく、大人の世界に閉じ込められるだけなんじゃないかと思ったりした。

この映画を観るたび、大人になる前の本当に不安な時期を一緒に過ごした友達のことを、とても愛しい気持ちで思い出します。

この映画もそうですが、僕の好きな映画には、追い詰められた状況で笑い出す人がよく登場します。人はしばしば、不安に駆られたとき、バカみたいに笑い、騒ぎ、踊り出す。それはいくつになっても同じなのかもしれません。

『台風クラブ』
監督：相米慎二

脚本：加藤祐司
撮影：伊藤昭裕
出演：三上祐一、工藤夕貴
1985年／96分／日本

雪とバーベキュー

微罪を犯した水兵と、その護送を命じられた二人の将校、三人の道中を描くロードムービー。アメリカン・ニューシネマの中では珍しく、体制側に身を置く主人公たち。本来仲良くなるべき関係ではない彼らの間で、じわじわと距離感が変わってゆく。

収監前に少しでも良い思いをさせてやろうと、若い水兵の為にあれこれ画策する中でたどり着くのが、冬の公園でのバーベキュー。雪の降る中、肉を焼く三人。さほど楽しそうに見えないものの、寒々しい光景の中に佇む妙な連帯感。これはこれで良い思い出になりそうかなと、しみじみとした気分にもなる。

コミカルに振る舞いつつ、後に残るやりきれなさは、いかにも70年代の味わい。けれど、このほろ苦さはいつの時代にも必要であり続けるはず。

……と本稿を締めかけていたところ、撮影監督マイケル・チャップマンの訃報が入った。件のシーンのポツンとした絵ヅラや、都会の虚ろさ、画面内の明暗の置き方など、撮影監督のクレジットを意識させるきっかけとなった一人だった。合掌。

『さらば冬のかもめ』

監督：ハル・アシュビー

脚本：ロバート・タウン

撮影：マイケル・チャップマン

出演：ジャック・ニコルソン、ランディ・クエイド、
オーティス・ヤング

1973年／104分／アメリカ

さらけ出してみる、すべては愛になり得るから

映画館のスクリーンで出会う映画も、部屋のテレビ画面で出会う映画も、出会い方すらも必然性がある気がする。この映画にはテレビ画面で出会った。その日はとても暑くて、クーラーを25度に設定してDVDの再生ボタンを押した。小さな画面の中も暑そうな日差し。そこに眩しいくらいの若者たちがいた。それを観ながらわたしは友人に日常会話を片手で送信。簡単に送り合う言葉。

『どんなふうに人を好きになるのか見たかった』

波打ち際で話し出すふたりが映った時、画面は静止し、音声すら消えた映像がゆっくりと入れ替わっていく。〈人はどうして人を好きになるのか〉何に惹かれ感情は動いているのか。暗い海を背にして真っ直ぐ感情をぶつけ合う彼らをじっと見た。わたしの右手には短い会話が届き続ける。何もかもさらけ出せる友人がわたしにはいる？　この手の中の会話は本当のもの？　さらけ出しても抱きしめ合える彼らにはきっと及ばない。あの日、涼しい部屋でわたしはひとりぼっちだと思った。右手に会話があったとしても。友情って？

『渚のシンドバッド』
監督：橋口亮輔
脚本：橋口亮輔
撮影：上野彰吾
出演：岡田義徳、草野康太、浜﨑あゆみ
1995年／129分／日本

吉田が、どんなふうに人を好きになるのか見たかったんだ。
SOMEDAY
DIARY

行き止まりの海

原題の意味は〝のらくら〟。イタリアの田舎町の青年……というよりはすでに大人の、ボンクラ五人組のモラトリアムな日々を描く。ミニシアターブームの頃であれば〝オフビート〟と形容されそうな、フェリーニ監督初期の自伝的作品。

職にも就かずにオープンカフェにたむろする五人（わざわざ別々の卓に座る）。夜道で空き缶を蹴りあう五人。冬の海でボードウォークに佇む五人。冬の海辺は、開放感よりも行き場のない侘しさを感じさせる。そうした直接あらすじと関係のないシーンの一つ一つが、無為な日常のスナップのようで虚しくも微笑ましい。独りきりではなく、わざわざ五人揃って……というところが心強いような、むしろ情けないような。

彼らを観ていると、そんな停滞した時間もちょっと羨ましく思えてくるので不思議だ。自分もヒマな誰かを巻き込んで、何をするでもなく何処かへ繰り出してみたくなった。でも本当は、ラストにとる行動にこそ憧れる。

『青春群像』

監督：フェデリコ・フェリーニ

脚本：フェデリコ・フェリーニ、エンニオ・フライアーノ
撮影：オテッロ・マルテッリ
出演：フランコ・インテルレンギ、アルベルト・ソルディ
1953年／107分／イタリア

映画のなかの彼らは永遠にそこに居て、同じことを繰り返してくれる。間違いや失敗も画面のなかで永遠に繰り返され、そして同じように成功や成長も永遠に繰り返される。わたしが忘れてしまっても、再生ボタンを押せば、彼らはそこに居てくれる。

わたしの人生のなかで最初の映画の記憶は、家族で観たテレビのロードショー。あの頃は1週間のうちに3日も映画の放送枠があった。風呂上りの濡れた髪のまま居間のテレビに集まって、9時から始まる映画を家族で観ていた。気に入る映画もあれば、気に入らない映画もある。子供ながらに退屈って感情を覚えたり、面白いと時間を忘れることも知った。好きな映画はいつも録画をしていたから、テレビの周りは録画した映画のビデオテープと買ってもらったビデオテープがずらりと並んでいた。映画で観た料理を再現して欲しいと母にねだったり、父を映画のシーンを再現することに付き合わせたり。台詞を覚えてはひとりで踊ったり歌ったり。そういう子供だったから、人生を思い返す時にはなにかしらの映画のシーンが浮んでくる。そのくらいに、あの頃から映画は日常の一部だった。

地元を離れた18歳の夏、友人3人と隣町のレンタルDVDショップへ行き映画を借りた。誰ひとり会員カードを持っていなかったわたしたちはレジカウンターに横並びで3人それぞれにカードをつくり、選んだ5本の映画を持って大学の寮がある隣町まで真夏の日差しのなか自転車を漕いだ日。好きな映画をいつでも観られるようになったことがよほど嬉しかったのか、今でもその日をよく覚えている。
それからは大抵、週に5本の映画を借りることが日常になった。

“どこか、未熟な彼ら”
毎日映画を観る日々のなかで、わたしが好きになるのはいつもどこか未熟な登場人物たち。若さゆえに苦悩する若者たち、初めて恋をする人たち、悲しみの渦中から抜け出せない人、生きることに戸惑いながら生きているような人たち。
その共感は、わたしも同じようにどこか未熟だからであって。

物語のなかで彼らはその戸惑いから少しずつ脱出していく。それも、みんな違う方法で。それぞれがそれぞれの方法を見つける。みんな同じじゃない。戸惑いなんて消し去って生きるようになる者もいれば、少しだけ笑って生きていけるようになったくらいの小さな変化の者もいる。だから、わたしは安心する。小さな変化も本当は誇らしいものなのだということ。みんな同じ方法じゃなくてもいい、行き着く先もそれぞれ違ったっていいこと。彼らが見せてくれるその人生は、あの頃のわたしにとってとても心強い共感だった。

彼らの日常がいつの間にかわたしの人生の一部になり、彼らの居る世界の景色がわたしの記憶の一部になり、生身の誰かとの人生が交差しあうみたいに、画面越しの彼らの人生とも同じように交差しながら生きてきた気がする。離れても再会し、そして交差する人生は数を増していく。離れたままの彼らがいることもまた、生身の人生とよく似ていると思う。違うのは、わたしは歳をとり、彼らは歳をとらないこと。

わたしが忘れかけてしまうような瞬間のひとつひとつを、彼らは何度でもここで繰り返し見せてくれる。今日も彼らは画面のなかでいつまでも同じことを永遠に繰り返している。

エヒラナナエ

イラストレーター / 刺繍作家
日常をテーマに創作を行う。

2020夏から秋

あとがきのかわりに 映画についてもう少し

さいきん観た

ドロステのはてで僕ら

2020
監督 山口淳太
脚本 上田誠

現在だったら
薄型テレビ倒れないか心配。

7月 下北沢 Tollywood にて

劇団ヨーロッパ企画の
オリジナル長編映画
ドロステという奇抜な
アイデアと物語のテンポの
良さに引き込まれて
気付くと夢中になっていた。
登場人物それぞれ共感できる
ところがあって、
いい大人たちがどんどん
かわいらしく見えてくる。

大沢 かずみ

神奈川県出身 世田谷区在住。イラストレーター
好きなものは 映画はもちろん 散歩や 植物の世話も。
インテリアグリーン専門店のショップアシスタントもしています。
好きな言葉「おふとん」 MJイラストレーション 10期OG

web / http://kazkai.com
/ @kazmiOsawa

リング

1998 監督 中田秀

8月

お盆なので怖い話でも
観ようかと思い立つ。
しかし今や人気キャラクターに
成長している貞子氏。
いろんな貞子を見過ぎてしまったため
貞子が怖くない。という症状が。
初めて映画館でリングを観た時の
あの恐怖はもう2度と帰ってこないのだ。
それがとても淋しい。

9月

THE SHiNiNG

1980 監督 スタンリー・キューブリック

不思議で
特別な力の存在や
展望ホテルの謎が深く、
それが謎のままに
終わるからこそ
美しいホラーだなぁと
しみじみ。

DOCTOR SLEEP

2019 監督 マイク・フラナガン

一方、ドクタースリープは
悪いものたちの欲望や
残酷なシーンの印象が
強烈な分、グロテスクだけど
物語のラストは
淋しくきれいでした。

MARILYN

AUDREY

あなたにとって
映画とは何ですか？
私にとっては、やはり、
スクリーンの中に
切り取られた
人生の記録とでも
言いましょうか。
どんな作品でも
単にエンターテインメント
として観てしまうのは
もったいないような
気がします。

登場人物のみならず、
制作者や、
制作された時代を
生きた人々、
そして、同じ映画を
観た誰か・・・

無数の人生が
スクリーンの中と外で
交差するのが、
映画というものかな
と思います。

SETSUKO

ANNA

Bonne projection!

FUYUKI KANAI カナイ フユキ

あとがき

　映画を観ることが好きで、映画の本や雑誌を読むことも好きで、それらに絵を描かせてもらうことに至っては、身に余る光栄で、仕事の中でもとりわけ意気込んでしまう。はやる気持ちをほどほどに落ち着かせ、本文の意に沿いつつ、読者の観賞を妨げないように、尚かつ余計な力が入らないように、雑念を払って白紙に向かう。普段ならば。

　しかしながら、今回のように絵だけでなく文章まで依頼されることになるとは、思ってもみなかった。無精者の自分としては、著者に連なることを光栄に感じる以上に、いまだ畏れ多く心許ない気持ちが強い。とはいえ、これもせっかくの機会なので、なるべく昨今のこうした企画では見過ごされがちな（気がする）過去～近過去の作品を選んでみた。作品自体の観やすさ、世間一般での認知度、並べたときのバランスなど、あれこれ考えあぐねている内に、結局は個人的な趣味に偏ってしまったが。

　肝心の絵について少し言い添えると、本編の一コマをそのまま扱わずに、それでいて〝映画と関係ない絵〟で完結しないような、〝劇中にも見え

る〃くらいのさじ加減を、全体を通して意識した。些細なレベルだが、要素の足し引きから配色まで、普段の仕事（他人様の著作）では試せないような処理にも挑戦出来て、密かに喜んでいる。
　気になった映画が一本でもあれば、更にはいつか実際に観て頂けることがあれば、著者冥利、イラストレーター冥利に尽きる。

田辺俊輔（たなべ・しゅんすけ）
イラストレーター。阿佐ヶ谷美術専門学校卒業、HB塾修了。
賞歴「ザ・チョイス／入選」「装画コンペ／入賞」ほか。書籍や雑誌の装画・挿絵を中心に活動中。
https://shun-tanabe.tumblr.com/

P	Peter Hunt	On Her Majesty's Secret Service	104
	Peter Weir	Witness	076
S	Sean Ellis	Cashback	022
	Sofia Coppola	Lost in Translation	038
		The Virgin Suicides	054
	Stephen Daldry	The Hours	086
T	Terrence Malick	Badlands	016
	Terry Zwigoff	Ghost World	056
	Tom Brady	The Hot Chick	094
	Tsai Ming-liang（蔡明亮）	愛情萬歳	078
V	Věra Chytilová	Sedmikrásky	092
	Víctor Erice	El sol del membrillo	058
W	Wong Kar-wai（王家衛）	春光乍洩	028
	Woody Allen	Midnight in Paris	066
あ	市川崑	黒い十人の女	082
	岩井俊二	Love Letter	042
	小津安二郎	小早川家の秋	048
さ	清水宏	簪	070
	相米慎二	台風クラブ	108
な	長崎俊一	西の魔女が死んだ	072
は	橋口亮輔	渚のシンドバッド	112
	羽仁進	彼女と彼	030
ま	本広克行	曲がれ！スプーン	102
	森崎東	生きてるうちが花なのよ 死んだらそれまでよ党宣言	024
	森田芳光	（ハル）	064

監督名索引

A	Alfred Hitchcock	Strangers on a Train	080
B	Bertrand Blier	Merci la vie	096
D	David Robert Mitchell	Under the Silver Lake	084
	Drew Barrymore	Whip It	098
F	Federico Fellini	I Vitelloni	114
	François Ozon	Gouttes d'eau sur pierres brûlantes	100
G	Gregg Araki	Mysterious Skin	040
H	Hal Ashby	The Last Detail	110
J	Jack Smight	Harper	036
	Jacques Rivette	Céline et Julie vont en bateau	068
	James Mangold	Girl, Interrupted	052
	Jean-Luc Godard	Une femme est une femme	010
	Jim Jarmusch	Mystery Train	014
		Paterson	050
	Joel Coen	Blood Simple	044
	John Hughes	The Breakfast Club	106
L	Leos Carax	Pola X	026
	Luigi Cozzi	Dedicato a una stella	032
	Luis Ortega	El Ángel	046
M	Martin Scorsese	Who's That Knocking at My Door	020
	Michael Radford	Il Postino	050
	Michel Gondry	Eternal Sunshine of the Spotless Mind	018
		La Science des rêves	012
	Mikhaël Hers	Ce sentiment de l'été	042
N	Nadia Tass	Amy	074

映画みたいなことしない?

2020年12月4日初版第1刷発行

著者　エヒラナナエ　大沢かずみ　カナイフユキ　田辺俊輔
発行者　安在美佐緒
発行所　雷鳥社
〒167-0043　東京都杉並区上荻2-4-12
TEL 03-5303-9766/FAX 03-5303-9567
http://www.raichosha.co.jp
info@raichosha.co.jp
郵便振替　00110-9-97086
デザイン・制作　平本祐子 (SUNNY BOY THINGS)
髙橋和也 (SUNNY BOY THINGS)
印刷・製本　シナノ印刷株式会社
協力　中野活版印刷店
小林美和子
編集　庄子快

ISBN 978-4-8441-3772-6 C0074